Frank Bonkowski

SPIELEND DURCH DAS KIRCHENJAHR

44 Aktionen

neukirchener verlag

MIX
Papier aus verantwortungsvollen Quellen
FSC
www.fsc.org
FSC® C014138

Bibliografische Information der Deutschen Nationalbibliothek:
Die Deutsche Nationalbibliothek verzeichnet diese Publikation in der Deutschen Nationalbibliografie; detaillierte bibliografische Daten sind im Internet über http://dnb.d-nb.de abrufbar.

Umschlaggestaltung: Grafikbüro Sonnhüter,
www.sonnhueter.com, unter Verwendung eines Bildes
von © loreanto (shutterstock.com)
Lektorat: Rahel Dyck, Bonn
DTP: Breklumer Print Service, www.breklumer-print-service.com
Verwendete Schriften: Frutiger, VAG Roundet
Gesamtherstellung: Finidr, s.r.o.
Printed in Czech Republic
ISBN 978-3-7615-6511-7

www.neukirchener-verlage.de

Inhalt

Einführung:

Warum braucht man Spiele zu den Festen des Kirchenjahrs?

Vor ein paar Jahren hat sich Sven Jakob bei mir zum Konfirmandenunterricht angemeldet. Sven hat Downsyndrom, ganz viel Spaß am Zusammensein mit den anderen Konfis und Spaß am Lernen, nur konzentrieren kann er sich nicht so lange.
Um das aufzufangen, haben wir uns entschieden, die Lektionen noch spielerischer zu gestalten. Spiele als Einstieg in die Themen, Spiele, die das Thema noch einmal zusammenfassen, spielerisch Fragen stellen, Geschichten noch erlebnisorientierter erzählen. Spiele, die uns fühlen und verstehen lassen, was wir da eigentlich feiern.
Nicht nur für meinen Kumpel Sven Jakob war das gut.

Durch die Spiele hatten wir insgesamt noch mehr Spaß, mehr behalten und vor allem Geschichten und Konzepte so vermittelt, dass man sie in gewisser Weise miterleben konnte.

Viele der Aktionen in diesem Buch sind in dieser Zeit entstanden und genutzt worden.

Du kannst die Spiele zur Werte- und Wissensvermittlung nutzen. Aber in erster Linie sollen Spiele auch immer einfach Spaß machen, Selbstbewusstsein fördern und helfen, einen Gemeinschaftssinn zu entwickeln.

Und wenn du die Aufgabe hast eine Weihnachtsparty zu gestalten, einen Ostergottesdienst zu planen oder zu irgendeinem Fest noch ein Spiel brauchst: Hier findest du 44 Aktionen und ich hoffe, für deine Gruppe ist etwas dabei.

Aber vor allem wollte ich dir mit diesem Buch zeigen, aus was man alles ein Spiel machen kann. Also trau dich und probiere die Varianten aus, wandle die Spiele so ab, dass sie für deinen Anlass oder deine Gruppe passen, und dann werdet ihr bald eure eigenen Spiele spielen.

Karfreitag und Ostern

Was feiern wir hier eigentlich?

In den vier Evangelien, den Biographien über Jesu Leben, werden folgende Ereignisse aus der Osterwoche erzählt:

Sonntag: Palmsonntag – Jesus protestiert gegen die Macht der Römer, die damals die halbe Welt unterdrückt hatten

Montag: Reinigung des Tempels – Jesus protestiert gegen den Egoismus und die Gier der jüdischen Elite

Dienstag: Jesus unterrichtet **im Tempel**

Mittwoch: Die jüdische Elite findet einen Verräter, der ihnen Jesus ausliefern wird: Judas

Donnerstag: Heimliches **Passahmahl** – Fußwaschung, Abendmahl, Verrat, Festnahme

Freitag: Verurteilung, Folter, Kreuzigung

Samstag: Jesus im Grab

Sonntag: Auferstehung

Für die Christen ist die Auferstehung das größte und wichtigste Fest überhaupt.

Jesus war tot und ist wieder lebendig. Weil Gott aus der schlimmsten Situation (Karfreitag) die allerbeste

(Auferstehung) gemacht, heißt „Ostern" für die, die daran glauben können, dass es in jeder Situation Hoffnung gibt, dass Gott diese Welt retten wird und dass am Ende alles gut wird.

Aktionen zu Karfreitag und Ostern

Alles kaputt

Zielgruppe:
ab 10 Jahren

Material:
- ✓ eine Schachtel mit rohen oder gekochten Eiern
- ✓ eine Tüte Erdnüsse (mit Schale)
- ✓ etwas zum Augen verbinden

Zeit:
ca. 10 Minuten

Durchführung:
Die Eier werden für den Mitspieler sichtbar auf den Boden gelegt.
Dem Mitspieler werden nun die Augen verbunden. Seine Aufgabe ist es, um die Eier herumzugehen und so wenige wie möglich dabei kaputt zu machen. Die Schuhe bleiben dabei übrigens an.

Während du dem „blinden“ Mitspieler noch einmal die Regeln erklärst, vertauscht ein Assistent die Eier heimlich mit den Erdnüssen.

Der Freiwillige wird nun das Knacken der Nüsse hören und denken, dass er gerade rohe Eier zertreten hat.

Zum Nachdenken:

Hattest du schon einmal das Gefühl, dass du alles kaputt gemacht hast, und am Ende war dann doch alles gut?

Was hat das mit der Auferstehung zu tun? Hast du schon einmal Auferstehung im übertragenen Sinn erlebt?

Worte finden

Zielgruppe:
ab 10 Jahren

Material:
- ✓ auf DIN A4-Papier gedruckte Buchstaben

Zeit:
ca. 15 Minuten

Durchführung:
Zwischen deinen hintereinander aufgestellten Teams (je nach Teilnehmeranzahl aufgeteilt) liegen auf einer Fläche, die ungefähr einem Volleyballfeld entsprechen sollte, viele Blätter mit je einem aufgedruckten Buchstaben.
Du rufst nun Begriffe in den Raum, die etwas mit deinem Thema zu tun haben.

Zum Beispiel:
- Auferstehung
- Tod
- Grab

- leer
- Maria
- Engel
- Gärtner

Die Aufgabe der Teams ist es nun, alle Buchstaben für die jeweiligen Begriffe einzusammeln. Dies ist ein Staffelrennen; jeder Läufer darf nur einen Buchstaben auf einmal besorgen. An der Seitenlinie wird der Begriff so schnell wie möglich buchstabiert. Gewinner ist das Team, das zuerst alle Begriffe buchstabiert hat.

Variation

Du gibst eine Zeit vor, z. B. 10 Minuten. Dann gewinnt das Team, das innerhalb der vorgegebenen Zeit die meisten Begriffe vollständig stehen hat.

Zum Nachdenken:

Anhand der Begriffe kannst du mit deiner Gruppe die Ostergeschichte nacherzählen oder Fragen zur Geschichte stellen. Z. B.: „Wie passte der Gärtner in die Geschichte?" – „Wer hat das leere Grab gefunden?" usw.

Eierdieb

Zielgruppe:
Spielidee 1: 6–11 Jahre
Spielidee 2: ab 12 Jahren

Material:
- ✓ ein Korb mit Ostereiern
- ✓ Augenbinde
- ✓ für die ältere Gruppe: Poolnudel (Schwimmnudel)

Zeit:
15 Minuten

Durchführung:
Alle Mitspieler bilden einen Kreis.
In der Mitte des Kreises kniet ein Mitspieler, der Osterhase. Dem Osterhasen sind die Augen verbunden. Direkt vor ihm steht ein Korb mit Ostereiern, die es zu verteidigen gilt. Der Korb darf dabei allerdings nicht berührt werden.
Auf dein hörbares Kommando hin löst sich nun ein Mitspieler aus dem Kreis und versucht, ein Osterei zu stehlen.

Wird der Eierdieb vom Osterhasen dabei erwischt (berührt), geht er zurück in den Kreis. Schafft er es, das Ei zu stehlen, darf er es behalten.

Variation für ältere Gruppen:
Der Osterhase steht in der Kreismitte, ebenfalls mit verbundenen Augen. Er bekommt ein oder zwei Schwimmnudeln in die Hände, mit denen er wild um sich schlagen darf. Trifft er den Eierdieb, muss dieser zurück in den Kreis.

Tipps:
- Mit der Schwimmnudel um sich zu schlagen geht auf die Kondition. Die Osterhasen sollten also alle paar Minuten ausgetauscht werden.
- Einige Kinder brauchen ewig, um das Ei zu stehlen. Wenn die Aktion langweilig zu werden droht, hilft es eventuell, eine Zeitvorgabe einzuführen: „Du hast genau 30 Sekunden, um das Osterei zu stehen!"

Zum Nachdenken:
Woher kommt eigentlich der Brauch, an Ostern harte, bunte Eier zu essen?
Nach christlichem Brauch wird vor Ostern 40 Tage lang

gefastet. Früher gehörten dabei zu den verbotenen Lebensmitteln alle tierischen Produkte, also neben Fleisch, Butter und Milch auch Eier.
Es ist also kein Wunder, dass diese am Ostersonntag, nach dem Ende der Fastenzeit, besonders beliebt waren. Dass die Eier hart gekocht wurden, hatte den Hintergrund, dass die Hennen im Frühjahr besonders viele Eier legen. Um diese haltbar zu machen, wurden sie gekocht. Und wieso bunt? Ganz einfach: um sie von rohen Eiern zu unterscheiden.

Warum fastet man eigentlich?
Eine ursprüngliche Idee war es, dass man viel besser feiern kann, wenn man vorher verzichtet hat.
Wie findet ihr diese Idee?

Ostern in 60, 30, 10, 5

Zielgruppe:
ab 12 Jahren

Material: –

Zeit:
15 Minuten

Bitte zwei Freiwillige zu dir, die glauben, dass sie gut schauspielern können. Ihre Aufgabe wird es sein, die wesentlichen Punkte der Ostergeschichte aus der Sicht zweier Frauen nachzuspielen.

Erzähle die Kurzversion der Geschichte:
„Am Sonntag nach der Kreuzigung gehen zwei Frauen zum Grab, um Jesu Leichnam zu waschen.
Sie finden allerdings ein leeres Grab und sind sehr erschrocken.
Sie fragen einen Mann in einem weißen Gewand, ob man Jesus weggeschafft hat. Dieser verneint das und sagt, dass Jesus doch vorausgesagt habe, dass er am dritten Tage auferstehen würde.

Begeistert laufen die Frauen zurück zum Versteck der Jünger, um ihnen die gute Nachricht zu erzählen."

Das Paar hat nun genau 60 Sekunden, um diese Szene spontan darzustellen. Beim nächsten Durchgang bleibt ihm für die Szene nur noch 30 Sekunden, dann noch 10, dann nur 5 Sekunden.

Zum Nachdenken:
Das Wesentliche in der Auferstehungsgeschichte finden!

Zerplatzt

Zielgruppe:
ab 12 Jahren

Material:
- ✓ ungefähr zehn aufgeblasene Luftballons pro Durchgang
- ✓ ein Besenstil mit einer Pinnnadel auf der Spitze
- ✓ Klebeband

Durchführung:
Eine Pinnwandnadel steckt auf einem Besenstiel. Am einfachsten befestigt man sie dort mit einem festen Klebeband oder Gaffer-Tape.
Aus zwei Metern Entfernung wirft ein Spieler nacheinander Luftballons in die Luft, die vom Mitspieler mit der „Lanze" aufgespießt werden sollen. Wer in einer Minute die meisten zum Platzen bringt, gewinnt.

Zum Nachdenken:
Zu Jesu Zeiten war es der Traum vieler Jugendlicher, bei einem Rabbi in die Lehre zu gehen und selber einmal ein berühmter Rabbi zu werden. Rabbis waren zur Zeit

5

Jesu wie Popstars, die auf kreative Art und Weise erklärten, wie man Gottes Wort, die Thora, ganz praktisch auslebt.

Dieser Traum und etliche andere sind für Jesu Jünger geplatzt, als man ihren Rabbi an ein Kreuz genagelt hat.

Versucht euch einmal in die Menschen hineinzuversetzen, die Jesus nachgefolgt sind und deren Freund da gerade stirbt und all ihre Hoffnungen platzen lässt.

Hast du Träume, Hoffnungen, Ideen gehabt, die geplatzt sind?

Wie man ein Monster besiegt

Zielgruppe:
ab 10 Jahren

Zeit:
20 Minuten

Material:
- ✓ einen großen Raum, den man komplett verdunkeln kann
- ✓ Taschenlampe

Durchführung:
Vor dem Spiel hast du eine Taschenlampe in ein paar Einzelteile zerlegt und im Raum versteckt, einen Mitspieler zum Monster bestimmt und das Licht ausgemacht.
Ziel der Gruppe ist es nun zusammenzuarbeiten, um die Teile der Taschenlampe zu finden und wieder zusammenzusetzen.
Während dieser Suchaktion wird das Monster versuchen, möglichst viele Mitspieler zu berühren, was diese dann zum „Einfrieren" verdammt.

Schafft das Team es aber, die Taschenlampe zu finden und wieder zum Leuchten zu bringen, ist das Monster besiegt. Das Team bekommt ca. 30 Sekunden Vorsprung, bis das Monster auf sie losgelassen wird.

Tipp:
Du kannst das Spiel verlängern, indem „Eingefrorene“ durch Berührung eines Mitspielers wieder zum Leben erweckt werden können.
Je nach Alter und Teamgröße kannst du die Taschenlampe zerlegen. Bei kleineren, jüngeren Gruppen reicht es eventuell schon, einfach die Batterien herauszunehmen und zu verstecken.

Zum Nachdenken:
Jesus hat in einer Welt gelebt, in der man glaubte, Böses (Monster) nur durch Gewalt besiegen zu können. Jesus hatte eine andere Idee. Böses besiegt man mit Licht (mit Gutem, mit Liebe, mit gewaltlosem Protest). Dafür hat er den Kreislauf der Gewalt verlassen und sich sogar umbringen lassen. Seine Auferstehung war für seine Jünger der Beweis, dass Liebe sich am Ende durchsetzt und gewinnt.
Glaubst du, das kann funktionieren? Hast du Beispiele aus deiner Erfahrung?

Ostereier schätzen

Zielgruppe:
alle Altersgruppen

Material:
- ✓ großes Glasgefäß
- ✓ Naschsachen (z. B. Ostereier oder Jelly Beans)

Aktion:
Vor der Aktion hast du einen Glascontainer mit Ostersüßigkeiten gefüllt, die du abgezählt hast.
Die Teilnehmer schreiben auf einen Zettel ihren Namen und ihre Schätzung. Die Zettel werden eingesammelt und ausgewertet.

Tipp:
Diese Aktion eignet sich gut, wenn du Daten sammeln willst, z. B. Namen, Telefonnummern, E-Mail-Adressen. Du kannst entweder vorher einen Preis besorgen oder ganz einfach das Glas mit Naschsachen zum Preis machen.

Vier Zeugen

Zielgruppe:
ab 14 Jahren

Material: –

Zeit:
ca. 20 Minuten

Durchführung:
Finde vier Freiwillige (Zeugen), die alle etwas gemeinsam erlebt haben, z. B. einen Ausflug, ein Konzert, eine Schulstunde, einen Besuch.

Jeweils ein Zeuge betritt nun den Raum und hat 60 Sekunden lang Zeit, von seinem oder ihrem Erlebnis zu berichten. Danach kann die Gruppe noch ein paar Fragen stellen.

Zum Nachdenken:
Redet zunächst einmal darüber, was in den Berichten/ Perspektiven gleich und was unterschiedlich war.

Es gibt 4 Berichte über Jesu Leben. Hierin sind sie sich einig:
(1.) Jesus wurde von einem Freund verraten,
(2.) hatte ein letztes Abendessen mit Freunden,
(3.) wurde von den Römern gekreuzigt und ist dann,
(4.) nachdem er tot war, wieder auferstanden.
(5.) Frauen haben ihn als erstes lebendig gesehen.

Ansonsten erzählen alle vier Schreiber die Details der Ostergeschichte sehr unterschiedlich.
Woran kann das liegen?

Auf dem Friedhof*

Zielgruppe:
ab 12 Jahren

Material:
✓ etwas zum Schreiben

Zeit:
60 Minuten

Durchführung:
Eure Gruppe besucht einen Friedhof.
Grabsteine erzählen Geschichten. In dieser Aktion geht es darum, einige dieser Geschichten herauszufinden. Kleinere Teams bekommen eine bestimmte Zeit, z. B. 30 Minuten, um folgende Informationen zu finden:
Wer hier hat am längsten gelebt?
Wer ist als Jüngster gestorben?
Wer hatte den außergewöhnlichsten Namen?

---

* Die Idee ist folgendem Spiel entnommen: „Friedhof", in Frank Bonkowski, Werte ins Spiel bringen. 33 Aktionen, die soziale Fähigkeiten fördern. © 2015 Neukirchener Verlagsgesellschaft mbH, Neukirchen-Vluyn, S. 73f.

Wer ist schon am längsten tot und Menschen kümmern sich immer noch um das Grab?
Wer ist erst vor Kurzem gestorben?
Gibt es ein Grab oder einen Grabstein, den ihr aus irgendeinem Grund außergewöhnlich findet?
Einige der Grabsteine haben Sprüche. Gibt es einen, den du gerne mal auf deinem Grabstein hättest?

Zum Nachdenken:
Diese Aktion eignet sich, um über Leben, Tod und Werte zu reden.
Wart ihr schon einmal auf einer Beerdigung? Wie war das für euch?
Wenn du heute sterben würdest: Was würde man in deinem Nachruf über dich schreiben? Vielleicht hast du ja noch ein bisschen Zeit auf dieser Erde, was sollte eines Tages über dich geschrieben werden?
Wie alt sind die Leute hier durchschnittlich geworden? Wenn du auch ungefähr so alt werden solltest, wie viel Zeit bleibt dir dann noch? Was möchtest du in der Zeit, die dir bleibt, gerne noch erleben?
Die Bibel spricht davon, dass Jesus an Ostern über den Tod gesiegt hat und dass wir alle ewig leben. Hilft dir dieser Gedanke nach deiner Erfahrung auf dem Friedhof?

Du siehst anders aus

Zielgruppe:
ab 12 Jahren

Material: –

Zeit:
5 Minuten

Durchführung:
Gib deinen Teilnehmern folgenden Auftrag: „Findet einen Partner. Stellt euch Rücken an Rücken, so dass du nicht sehen kannst, was dein Partner tut."
Auf dein Kommando soll jeder etwas an sich verändern, zum Beispiel einen Schnürsenkel öffnen, alle Knöpfe zumachen, den Reißverschluss runterziehen, die Frisur ändern usw.
Nach etwa 30 Sekunden drehen sich die Partner wieder um und raten, was der andere an sich verändert hat.

Zum Nachdenken:
Nach seiner Auferstehung ist Jesus etlichen Leuten er-

schienen, die ihn nicht erkannt haben. Er muss also anders ausgesehen haben.
Hast du schon mal einen Menschen, den du eigentlich gut kennst, nicht erkannt, weil der sich irgendwie verändert hatte?
Wie stellst du dir das bei Jesus vor? Der war ja nur drei Tage lang weg. Was denkst du, was hat sich bei ihm verändert?

Kampf der hartgekochten Eier

Zielgruppe:
ab 12 Jahren

Material:
- ✓ ein hart gekochtes Ei pro Mitspieler

Zeit:
ca. 5 Minuten

Durchführung:
Jeder Mitspieler bekommt ein hart gekochtes Ei. Das Spiel funktioniert so, dass die Eier aneinandergeschlagen werden. Wessen Ei die meisten Runden heil übersteht, der hat gewonnen.

Zum Nachdenken:
Dieses Spiel ist eigentlich eine reine Spaßaktion. Ich habe sie trotzdem schon einmal als Einleitung in ein Gespräch über Gewinnen und Verlieren genutzt. Im Neuen Testament benutzt man das Bild des Siegers. Liebe gewinnt gegen den Hass und die Macht.

Armer Teddy*

Zielgruppe:
ab 12 Jahren

Material:
- ✓ ein oder mehrere kleine Stofftiere
- ✓ Schere
- ✓ Klebeband
- ✓ Heftpflaster
- ✓ Nadel und Faden

Zeit:
20–30 Minuten

Durchführung:
In dieser Aktion darf ein Freiwilliger einmal so richtig seine Aggressionen loswerden.
Du gibst ihm oder ihr ein billiges Stofftier mit der Aufgabe, es in 60 Sekunden so gut wie möglich zu zerstören.

---

* Die Idee ist folgendem Spiel entnommen: „Töte Teddy", in Frank Bonkowski, Spiele gegen die Gewalt. 27 spielerische Impulse für die Gruppenarbeit. © 2007 Neukirchener Verlagsgesellschaft mbH, Neukirchen-Vluyn, S. 16ff.

Nach einer Minute beschreibst du die Verletzungen des Teddys so anschaulich wie möglich, z. B. „abgerissenes Ohr", „rechtes Bein amputiert", „Arme fehlen vollständig".

Die Aufgabe der Gruppe ist es nun, das Stofftier mit den vorhandenen Utensilien wieder so gut wie möglich herzustellen.

Zum Nachdenken:
Diese „medizinische Rettungsaktion" klappt in der Realität nie wirklich.
Es dauert manchmal Sekunden, jemanden mit wenigen Worten zu verletzen. Heilung dagegen ist meistens wesentlich langwieriger, manchmal sogar ganz unmöglich.
Trotzdem erinnert uns die Auferstehungsgeschichte, dass Heilung möglich ist.
Gott nimmt eine unglaublich schreckliche Situation, die Kreuzigung, und macht daraus Auferstehung. Das war für die erste Christen der Beweis, dass Auferstehung, heil werden, möglich sein muss.
Hast du kleine Auferstehungsgeschichten schon einmal erlebt? Momente, als sich etwas ganz fürchterliches in Gutes verwandelt hat?

Himmelfahrt & Pfingsten

Was feiern wir hier eigentlich?

Himmelfahrt – Christen glauben, dass Jesus nach seinem Tod noch 40 Tage auf dieser Erde gelebt, Zeit mit seinen Jüngern verbracht hat und dann von Gott in den Himmel aufgenommen worden ist.
Vor den Augen seiner Jünger, von denen einige schon glauben konnten, dass er der Sohn Gottes war, während ein paar noch ihre Zweifel hatten. Eben hatte er noch mit ihnen geredet und dann war er plötzlich weg.
An dieses Ereignis erinnert Christi Himmelfahrt. Der Himmelfahrtstag findet in jedem Jahr 40 Tage nach Ostern und darum immer an einem Donnerstag statt.

Pfingsten = „50" – 50 Tage nach dem Passahfest. Am Passahfest feiern die Juden ihre Befreiung aus der Sklaverei in Ägypten: Ihr Anführer, Moses, bringt das Volk zusammen und ein Deal wird geschlossen mit Gott.
„Wir sind ein Volk, das Gottes Fürsorge genießt und sich aus dieser Fürsorge heraus um andere Völker sorgt, dass am Ende keiner ohne Fürsorge lebt!"

In anderen Worten: „Wir genießen Gott nicht für unseren Vorteil, bis wir vor lauter Fürsorge dick und fett sind, sondern geben das, was wir haben, munter weiter, bis jeder mit diesem Gott bekannt sein will!"

50 Tage nach Ostern, der Auferstehung Jesu, passieren ganz ähnliche Zeichen und Wunder wie damals in der Wüste, und eine Bewegung entsteht. Menschen finden zusammen, die die Gnade und Fürsorge Gottes genießen und weitergeben möchten: die Kirche. Jesus hatte seinen Jüngern versprochen, dass Gottes Geist diese Kirche leiten würde. Das alles begann an Pfingsten.

Aktionen zu Himmelfahrt und Pfingsten

In anderen Sprachen

Zielgruppe:
ab 12 Jahren

Material:
✓ Smartphones oder Diktiergerät

Zeit:
45–60 Minuten

Durchführung:
Teams (höchstens 6 Personen) bekommen ein Aufnahmegerät und eine Liste mit positiven Aussagen, z. B.:
- „Guten Tag"
- „Ich wünsche dir alles Gute"
- „Das finde ich gut"

Das Ziel ist, in einer Innenstadt die Sätze von Passanten in möglichst viele Sprachen übersetzen zu lassen.

Zum Nachdenken:
Was denkst du, wieso jeder die Jünger in seiner Sprache verstehen konnte?
Hast du dir schon einmal diese Gabe gewünscht?

Alle zusammen

Zielgruppe:
ab 6 Jahren

Material: –

Zeit:
5 Minuten

Durchführung:
Kleine, schnelle Aktion, für die du mindesten 8 Mitspieler benötigst.
Die Mitspieler stellen sich in einer Reihe auf und fassen sich an die Hände. Ihr braucht rundherum ein wenig Platz.
Der Mitspieler am rechten Ende bleibt ruhig stehen, während sich die anderen Spieler spiralförmig um ihn herum aufdrehen. So entsteht eine Art Schneckenhaus.

Zum Nachdenken:
Alle waren ständig beieinander – Apostelgeschichte 2.
Hier bietet sich eine Diskussion über die Vor- und Nachteile von menschlicher Nähe (Gemeinschaft) an.

Aliens*

Zielgruppe:
ab 12 Jahren

Material: –

Zeit:
20–30 Minuten

Durchführung:
Bevor es losgeht, nimmst du ungefähr die Hälfte der Gruppe zur Seite und erklärst ihnen, dass sie gleich Außerirdische sind, deren Ziel es ist, bei den Erdlingen so friedlich wie möglich mitzumachen. Ihr Problem ist ein etwas anderes Sozialverhalten.

Beispiele:
- Anstelle des üblichen Händeschüttelns, klicke die Fersen zusammen und schnalze mit der Zunge

* Die Idee ist folgendem Spiel entnommen: „Alien – Die außerirdische Begegnung", in Frank Bonkowski, Spiele gegen die Gewalt. 27 spielerische Impulse für die Gruppenarbeit. © 2007 Neukirchener Verlagsgesellschaft mbH, Neukirchen-Vluyn, S. 8ff.

- Wenn du gähnen musst, renne dabei kurz wild durch den Raum
- Wenn dich etwas stört, brülle laut vor dich hin, was dich gerade nervt
- Wenn du jemand magst, verstecke deinen Kopf unter den Armen
- Wenn du mit jemanden reden möchtest, starre deinen potenziellen „Gesprächspartner" vor jedem Satz ungefähr 10 Sekunden lang stumm an

Nach ein paar Minuten bringst du die Gruppe zusammen und erklärst das „interessante" Verhalten der „Außerirdischen". Die Gruppe soll nun gemeinsam ein paar Verhaltensregeln aufstellen, mit denen sich jeder wohlfühlen kann.

Zum Nachdenken:

Die ersten Christen kamen aus allen möglichen Kulturen zusammen und mussten erst einmal lernen, miteinander klarzukommen.

Haben wir überhaupt das Recht den Aliens vorzuschreiben, wie sie sich bei uns zu verhalten haben?

Was wäre die beste Lösung, um ein Zusammenleben so friedlich wie möglich zu machen?

Wie würdest du dich fühlen, wenn von dir erwartet würde, bestimmte Verhaltensformen zu ändern?

Pfingsten in deiner Stadt

Zielgruppe:
ab 12 Jahren

Material:
✓ ein Smartphone mit Aufnahmefunktion (pro Gruppe)

Zeit:
60 Minuten

Durchführung:
Hier findest du eine Liste mit Begriffen, die das erste Pfingstfest, also die Geburtsstunde der Kirche, beschreiben. Die Aufgabe deiner Teilnehmer ist es, in kleineren Gruppen in der Stadt nach Geräuschen zu suchen, die diese Begriffe am besten wiedergeben. Ziel ist es am Ende der Aktion 3 Sekunden Soundclips zu jedem Begriff aufgenommen zu haben. Wer bestimmte Sounds nicht findet, stellt sie selber her:

- beieinander
- ein Brausen wie von einem gewaltigen Sturm

- züngelndes Feuer
- alle voll mit dem Heiligen Geist
- jeder so, wie der Geist es ihm eingab
- aus aller Welt
- von allen Seiten herbei
- fassungslos
- bestürzt und ratlos
- „Die haben doch nur zu viel getrunken!"

Zum Nachdenken:
Stelle den „Pfingstbegriffen" die jeweils gegenteiligen Begriffe gegenüber:
- jeder für sich
- ruhig, sicher
- vorhersehbar
- eigene Ideen werden verwirklicht
- die gleiche (Kirchen-)Sprache
- jeder so, wie er will
- sehr ähnliche Typen, ähnliche Kulturen & Interessen
- zielsicher: wissen, was Sache ist
- „Die machen wenigstens Sinn!"

Der Start unserer Bewegung: War das Ordnung oder Chaos? Welche Kirche wünscht ihr euch? Warum?

Atem

17

Zielgruppe:
ab 8 Jahren

Material:
- ✓ Federn
- ✓ Stoppuhr

Zeit:
5 Minuten

Durchführung:
Für diese Aktion braucht ihr etwas Platz. Sollte der nicht vorhanden sein, können die Gruppen (ca. 4 Teilnehmer pro Team), nacheinander spielen und du stoppst die jeweiligen Zeiten.

Jede Gruppe bekommt eine Feder. Ziel dieser Aktion ist es, die Feder durch Pusten so lange wie möglich in der Luft zu halten.
Sobald die Feder hinunterfällt, wird entweder die Zeit gestoppt oder die Gruppe scheidet aus und setzt sich hin.

Zum Nachdenken:
Atem oder Luft (hebräisch: *ruach*) ist ein Bild, das in der Bibel für den Heiligen Geist benutzt wird. Gott schenkt uns Luft zum Atmen, das Leben beginnt und endet mit einem Atemzug. 26.000 Atemzüge jeden Tag. Das sind 14000 Liter Sauerstoff.

Im ersten Buch der Bibel wird eine Geschichte erzählt, in der Gott nach seinem Namen gefragt wird.
Seine Antwort: „Ich bin, der ich bin!" (hebräisch: *Jahwe*). Weil es im Hebräischen keine Vokale gibt, hört sich JHW wie Atmen an.
„Das ist brillant", sagen die Rabbis. „Jedes Mal, wenn du atmest, sprichst du den Namen Gottes aus. Gott ist dir näher, als du denkst!"

Kannst du dich an Momente in deinem Leben erinnern, wo du dich Gott ganz nahe gefühlt hast? Was ist passiert? Kannst du diesen Moment beschreiben?
Warum ist atmen ein Geschenk?

Wind

18

Zielgruppe:
ab 8 Jahren

Material:
- ✓ Strohhalme
- ✓ Wattebausch
- ✓ Tisch

Zeit:
5 Minuten

Durchführung:
Auf einen Tisch legst du einige Wattebäuschchen. Ein Freiwilliger bekommt einen Strohhalm und die Aufgabe, in 30 Sekunden aus 50 cm Entfernung so viele der Wattebäuschchen wie möglich vom Tisch zu pusten. Die Aktion kann so oft wie gewünscht wiederholt werden.

Zum Nachdenken:
Gleiche Diskussion wie bei der Aktion „Atem".

Wasser

19

Zielgruppe:
ab 8 Jahren

Material:
- ✓ ein Wassereimer
- ✓ ein leerer Eimer
- ✓ ein Schwamm pro Team

Zeit:
10 Minuten

Durchführung:
Das gesamte Team steht in einer Reihe, zwischen einem gefüllten und einem leeren Eimer.
Der erste Mitspieler taucht den Schwamm in den Wassereimer und gibt ihn dann weiter zum nächsten Mitspieler usw.
Der letzte drückt den Schwamm in den Eimer auf der anderen Seite aus, läuft mit dem Schwamm zum Wassereimer und beginnt die Aktion erneut.
Es gewinnt die Mannschaft, die in einer bestimmten Zeit, z. B. fünf Minuten, das meiste Wasser transportiert hat.

Zum Nachdenken:

Ein weiteres Bild für den Heiligen Geist ist die Idee, dass Gott seinen Geist wie Wasser auf uns herunterkippt. Kannst du mit diesem Bild etwas anfangen? Was könnte damit gemeint sein?

Hören

Zielgruppe:
ab 12 Jahren

Zeit:
10 Minuten

Material:
- ✓ Wasserflasche(n)
- ✓ Becher
- ✓ etwas zum Augen verbinden

Durchführung:
Blind müssen die Mitspieler versuchen, einen Becher mit Wasser aus einer Flasche möglichst voll zu schütten. Dabei können sie sich nur auf ihr Gehör verlassen und dürfen außer der Flasche nichts berühren. Sobald das Wasser über den Rand läuft, scheidet der Mitspieler aus. Bei allen anderen wird gemessen, wer sich am weitesten getraut hat. Wessen Becher ist am vollsten und gewinnt damit dieses Spiel?

Zum Nachdenken:

Gottes Geist, der ja auch mit Wasser verglichen wird, spricht zu uns, tröstet uns, will uns kommunizieren, was gerade dran ist.

Ähnlich wie in der Aktion eben fällt es den meisten von uns schwer, ihn zu hören.

Woran mag das liegen? Hattest du schon einmal das Gefühl, Gottes Stimme gehört zu haben? Kann man es lernen, Gott zu hören?

Zweifel

Zielgruppe:
ab 12 Jahren

Material: –

Zeit:
15 Minuten

Durchführung:
Fordere Freiwillige auf, zwei kurze Anekdoten aus ihrem Leben zu erzählen. Eine dieser Geschichten muss wahr sein, die andere eine Lüge.
Mitspieler raten nun, welche dieser Stories wahr und welche ihrer Meinung nach erlogen sind.

Zum Nachdenken:
Führe eine Diskussion darüber, welche Kriterien die Mitspieler benutzt haben, um die Wahrheit herauszufinden.
In Matthäus 28 wird Jesu Himmelfahrt beschrieben und die Tatsache nicht ausgelassen, dass einige von Jesu Nachfolgern ganz starke Zweifel hatten, dass er tat-

sächlich der Sohn Gottes, der Messias, war und das, obwohl sie ihn tot und wieder lebendig gesehen hatten. Welche Argumente sprechen deiner Meinung nach dafür, dass Jesus wirklich der Sohn Gottes war, welche Argumente sprechen dagegen? Ist Zweifeln immer etwas schlechtes oder kann es auch hilfreich sein?

Erntedankfest

Was feiern wir hier eigentlich?

Mit dem Erntedankfest danken Christen Gott für Schöpfung und Ernte. In den meisten Kirchen findet die Feier am ersten Sonntag im Oktober statt.

Vor etlichen Jahren, als noch etwa 80 % der Menschheit auf dem Land lebten und aktiv an der Ernte beteiligt waren, war die Ernte ein sehr wichtiges Ereignis im Jahr. Nach der gemeinsamen, getanen Arbeit dankten Christen Gott in einem Gottesdienst. (Die Lieder und Gebete in dieser Zeit erinnern an Gottes gute Schöpfung, an die Schönheit der Natur und an die Aufgabe des Menschen, die gute Schöpfung zu bewahren.)

Die Idee für ein Erntedankfest ist aber keine rein christliche. Religion entstand, als Menschen sich bewusst wurden, dass die richtige Mischung aus Sonne und Regen nötig ist, um ihre Versorgung sicherzustellen. Irgendwann wurde man sich bewusst, dass irgendeine Macht hinter dieser Versorgung stecken musste.

Die Juden feiern übrigens drei Erntedankfeste, wobei das Laubhüttenfest (hebräisch: *Sukkot*), das im September/Oktober sieben Tage lang gefeiert wird, das fröhlichste aller Feste ist.
Während dieser Woche übernachten die Menschen in Gärten oder auf Hausdächern in einer Hütte aus Baumzweigen, die an die Zeit erinnern soll, als das Volk aus der Sklaverei in Ägypten geflohen war und nun auf dem Weg ins Gelobte Land in Zelten übernachten musste.

Heute, in einer Zeit, wo viele von uns den direkten Bezug zur Ernte verloren haben, wird beim Erntedankfest häufig eher die Dankbarkeit betont.

Aktionen zu Erntedank

„Mitbring"-Party

Zielgruppe:
Teens und älter

Material:
- ✓ Tische und Stühle
- ✓ Teller
- ✓ Schüsseln
- ✓ Besteck

Zeit:
mindestens 90 Minuten

Durchführung:
Die Idee ist relativ einfach: Jeder bringt etwas mit, das er gerne isst. Zusammen arrangiert ihr daraus einen wunderschönen Esstisch.
Vor dem Essen erklärt jeder, was sie oder er mitgebracht hat und warum sie gerade das gerne essen.
Dann wird zusammen gegessen, genossen, gefeiert.

Variationen:

1. Ihr sucht euch vorher ein Thema aus. Beispiele: Essen aus der Region – Essen aus den Heimatländern der Teilnehmer – Essen aus deinem letzten Urlaub – Grillabend – Nachtisch-Party usw.
2. Ihr kocht zusammen.
3. Koch-Show: Gruppen bekommen jeweils ein Budget, gehen zusammen einkaufen und kochen zusammen. Jedes Team ist für einen bestimmten Teil des Essens zuständig (Vorspeise, Hauptgericht, Nachspeise, Getränke). Anschließend werden die besten Gerichte prämiert.

Zum Nachdenken:

Diese Aktion kann zu allen möglichen guten Diskussionen über Essen, Dankbarkeit, Nachhaltigkeit, Geschmack ... führen.

Getragen

Zielgruppe:
ab 12 Jahren

Material:
✓ viele Luftballons

Zeit:
20 Minuten

23

Durchführung:
Vor Beginn dieser Aktion müssen die Luftballons aufgeblasen werden.

Teams (3 bis 5 Mitspieler) bekommen die Aufgabe, die Ballons so zu platzieren, dass eine/r von ihnen von möglichst wenigen Ballons getragen wird, ohne dass auch nur ein Körperteil den Boden berührt.
Diese Position soll dann 20 Sekunden gehalten werden.

Tipp:
Es empfiehlt sich, die Ballons nicht vollständig aufzublasen, sondern sie etwas flexibel zu belassen.

Zum Nachdenken:
„Zu Beginn habt ihr euch wahrscheinlich gefragt, ob diese Aktion überhaupt machbar ist. Wenn man jedoch erst einmal herausgefunden hat, dass die Ballons mehr aushalten als man denkt, macht es sehr viel Spaß."

Jesus hat viele Geschichten über einen Gott erzählt, der uns trägt, auf den man sich verlassen kann, der uns das zum Leben gibt, was wir brauchen, damit unser Leben gelingen kann.

Hast du schon einmal erlebt, wie Gott dieses Versprechen gehalten hat?

Ernte

Zielgruppe:
alle Altersgruppen

Material:
✓ ein Korb mit Obst und Gemüse

Zeit:
15 Minuten

24

Durchführung:
In der Mitte des Raumes steht ein Korb mit Obst und Gemüse.
Du als Leiter der Aktion solltest dich vorher über alles im Korb informiert haben.
Ein Mitspieler bekommt die Aufgabe, sein Lieblingsobst bzw. Lieblingsgemüse aus dem Korb zu holen.
Du hast zu jedem Artikel ein paar Fragen vorbereitet, die du jetzt stellst, z. B. zur Tomate:
- Wann werden Tomaten in Deutschland normalerweise gesät und geerntet?
- Wachsen Tomaten an Baum, Strauch oder in der Erde?

- Sind Tomaten eigentlich Obst oder Gemüse?
- Was ist euer Lieblingsgericht, bei dem Tomaten eine wichtige Zutat sind?

Tipp:
Du kannst die Aktion ganz einfach als Gespräch laufen lassen oder, wenn deine Gruppe Konkurrenzkampf mag, als Quiz mit Punkten und Teams.

Zum Nachdenken:
Wir leben in einer Zeit, in der fast alle diese Artikel jederzeit verfügbar sind. Deswegen haben viele von uns den Bezug zur Natur verloren.
Eure Großeltern z. B. würden euch erzählen, wie sehr sie sich auf Erdbeeren im Sommer gefreut haben und dass die damals irgendwie besser und natürlicher geschmeckt haben.
Was sind die Vor- und Nachteile davon, alles zu jeder Zeit verfügbar zu haben?

Sich jeden Tag erinnern

Zielgruppe:
alle Altersgruppen

Material:
✓ Sieben Blätter, auf die du vorher je einen der Wochentage gedruckt hast

Zeit:
15 Minuten

Durchführung:
In die Mitte des Raumes legst du die Blätter mit den Wochentagen.
Jeder Teilnehmer geht nun zu einem Tag, an dem in den letzten sieben Tagen etwas Gutes passiert ist.
Wenn jemand seine Geschichte erzählt hat, ist der nächste dran. An wie vielen Tagen ist etwas passiert, das jemanden dankbar gemacht hat?

Zum Nachdenken:
Vor ein paar Jahren hat ein Institut eine Studie durchgeführt. Einer Studentengruppe wurde die Aufgabe

gegeben, sich 10 Wochen lang einmal am Tag hinzusetzen und aufzuschreiben, was in den letzten 24 Stunden an positiven Dingen passiert ist, Geschenke, für die sie dankbar waren.

Gleichzeitig wurde eine gleich große Gruppe beobachtet, die das nicht gemacht hat.

Das Ergebnis der Gruppe, die sich die Mühe gemacht hat, sich an Gutes zu erinnern:

- gesteigertes Wohlbefinden
- gesteigerte körperliche Gesundheit
- mehr Mitgefühl mit Mitmenschen

Woran kann das liegen? Würdest du das selber gerne einmal ausprobieren?

Kartoffelpyramide

Zielgruppe:
ab 10 Jahren

Material:
- ✓ ein Sack Kartoffeln (2,5 Kilo) pro Team (je 3–4 Mitspieler)

Zeit:
15 Minuten

Durchführung:
Jedes Team bekommt die Aufgabe, aus ihren Kartoffeln eine möglichst hohe Pyramide zu bauen.

Tipp:
Es bietet sich an, hinterher mit den Kartoffeln zu kochen oder zu backen, z. B. Kartoffelpuffer, Kartoffelsuppe, Kartoffelpüree, Bratkartoffeln, ...

Lerneffekt:
Teambuilding

Gemüsestaffel

Zielgruppe:
alle Altersgruppen

Material:
- ✓ ein Korb randvoll mit Gemüse (von jeder Gemüseart jeweils zwei Stück)
- ✓ zwei leere Körbe

Zeit:
10 Minuten

27

Durchführung:
Teile alle Mitspieler in zwei Teams auf.
Diese Aktion ist ein Staffellauf!
Jeweils ein Mitspieler von jedem Team läuft in die Raummitte und findet ein Paar der gleichen Gemüsesorte (z. B. zwei Mohrrüben), nimmt das Paar aus dem Korb und läuft zurück zum eigenen Teamkorb, in den das Gemüsepaar gelegt wird. Dann läuft der nächste Mitspieler los usw.
Gewinner ist das Team mit den meisten Gemüsepaaren.

Alles, was wir brauchen

Zielgruppe:
ab 12 Jahren

Material: –

Zeit:
ca. 10 Minuten

Durchführung:
Diese schnelle Aktion eignet sich auch gut als Icebreaker zu Beginn eines Seminars oder einer Veranstaltung. Teile deine Gruppe in mindestens zwei Teams auf. Jetzt bittest du die Gruppe, dir mit bestimmten Dingen zu helfen, die du „für diese Veranstaltung brauchst, aber vergessen hast!" Du suchst dabei nach Dingen, die sehr wahrscheinlich in jeder Gruppe vorhanden sind.
Ein Läufer pro Gruppe wird bestimmt, der versucht, von einem Mitspieler den Gegenstand abzuholen, den du aufgerufen hast. Hat ein Gruppenmitglied den aufgerufenen Gegenstand in ihrem Besitz, ruft sie den Läufer, der den Gegenstand abholt und dann zum Spielleiter bringt.

Beispiele:

- Lippenstift
- Taschentuch
- graue Socke
- Ladekabel
- brauner Gürtel
- Terminkalender
- Kaugummi
- Smartphone

usw.

Zum Nachdenken:
Erfinde eine fiktive Geschichte, wie sehr du dir Sorgen gemacht hast, dass du eben all diese Dinge unbedingt für deine Gruppenstunde haben musstest.
Dann war am Ende doch alles da, was du brauchtest.

Dies kann in eine Diskussion führen über die Dinge, die uns Sorgen machen, das Gefühl, nicht genug zu haben, die Idee, dass viele unserer Sorgen sich irgendwann in Luft auflösen und Dankbarkeit dafür, dass wir meistens doch all das haben, was wir brauchen und so gut versorgt sind.

Die Ernte nach Hause bringen

Zielgruppe:
ab 8 Jahren

Material:
- ✓ Gemüse (z.B. Kartoffeln, Äpfel, Mohrrüben usw.)
- ✓ zwei Körbe oder Eimer

Zeit:
10 Minuten

29

Durchführung:
Diese Aktion eignet sich hervorragend für ein Staffelrennen in zwei Teams.
In die Mitte des Raumes hast du etliche Obst- oder Gemüsesorten gelegt. Die Mitspieler laufen nun nacheinander von ihrem Behälter aus in die Mitte, knien sich auf den Boden und klemmen sich jeweils ein Stück Obst oder Gemüse zwischen die Knie, ohne die Hände zu benutzen. Diese „Ernte" bringen sie nun zurück und lassen sie in ihren Korb fallen. Dann läuft der Nächste los.

Dankbarkeit im Quadrat

Zielgruppe:
ab 8 Jahren

Material:
- ✓ Kreppband
- ✓ Münze

Zeit:
10 Minuten

Durchführung:
In die Mitte des Raumes hast du ein Quadrat mit vier Flächen geklebt.
Jede Fläche repräsentiert etwas, für das man dankbar sein kann, z. B. Menschen, Ereignisse, Besitz, Fähigkeiten.
Jeder Mitspieler wirft nun von außen eine Münze in das Quadrat, stellt sich für eine Minute in die Fläche, in der die Münze liegen geblieben ist und erzählt, für welche Person, Ereignisse usw. er dankbar ist und warum.

Advent und Weihnachten

Was feiern wir hier eigentlich?

Das Wort „Advent" ist lateinisch und bedeutet „Ankunft".
Vor über 2000 Jahren haben unzählige Juden, die damals von Großmächten wie Rom unterdrückt waren, jeden Tag zu Gott gefleht, ihnen einen Retter zu schicken, der sie befreit. Viele Christen glauben, dass diese Gebete am Weihnachtstag erhört worden sind und dass Gott seinen Sohn, Jesus, geschickt hat, der in dem kleinen Dorf Bethlehem in Israel zur Welt kam.
An Weihnachten feiern wir also sozusagen die Ankunft dieses Retters.

Die Adventszeit beginnt vier Sonntage vor Weihnachten und war ursprünglich dazu gedacht, still zu werden und sich auf Weihnachten vorzubereiten.
Früher haben viele Christen in diesen Wochen auch gefastet, also auf Dinge wie bestimmtes Essen verzichtet. Denn wenn man vorher auf etwas verzichtet, dann kann man später besser feiern und genießen.

Aktionen zu Advent und Weihnachten

Vielen Dank, Tante Helga ...?

Zielgruppe:
ab 10 Jahren

Material:
- ✓ ca. 10 Geschenke bzw. Gegenstände
- ✓ ein Stift und Zettel pro Mitspieler

Zeit:
15 Minuten

Durchführung:
Als ich noch klein war, bekamen mein Bruder und ich jeweils Geschenke aus Frankfurt von Onkel Gerhard und Tante Helga.
Jedes Jahr die gleiche Prozedur: Kurz nach Weihnachten folgte ein Telefonanruf und die Aufforderung meiner Eltern, mich bei Onkel und Tante für das schöne Geschenk zu bedanken.
Das Problem war nicht, dass ich nicht dankbar war. Nur hatte man mich oft so reichlich beschenkt, dass ich mich beim besten Willen nicht mehr erinnern konnte, welches Geschenk jetzt von welchem Verwandten kam.

Das hat oft zu peinlichen Telefongesprächen geführt und genau darum geht es in dieser Aktion.

In diesem Spiel wird das Gedächtnis trainiert.
Der Spielleiter zeigt nacheinander zehn unterschiedliche Geschenke und erzählt jeweils, von wem dieses Geschenk stammt: „Onkel Gerhard", „Tante Helga", „von Mama", „von Oma" usw.

Jeder Mitspieler bekommt nun eine Minute Zeit, sich die Geschenke einzuprägen.

Jetzt zeigst du nacheinander in einer beliebigen Reihenfolge die Geschenke und die Mitspieler sollen jeweils aufschreiben, von wem das Geschenk stammt, um hinterher eine Dankeskarte schicken zu können.

Zum Nachdenken:
(Warum) ist Bedanken eigentlich wichtig?

Das Licht am Leben halten

Zielgruppe:
ab 12 Jahren

Material:
✓ eine Streichholzschachtel

Zeit:
10 Minuten

32

Durchführung:
Alle Mitspieler sitzen in einem Stuhlkreis.
Ein brennendes Streichholz wird der Reihe nach weitergereicht.
Wer das Streichholz hält, sagt: „Das Licht ist in die Welt gekommen!" und gibt das Streichholz an den nächsten weiter. Die Person, bei der das Licht ausgeht, scheidet aus.

Zum Nachdenken:
In der Weihnachtszeit reden wir manchmal davon, dass Jesus das Licht war, das in eine dunkle Welt gekommen ist. Unsere Aufgabe ist es, dieses Licht weiterzutragen. Was heißt das eigentlich für dich?

Ihr seid hier unerwünscht

Zielgruppe:
ab 10 Jahren

Material:
✓ Karteikarten, beschriftet mit Eigenschaften

Zeit:
15 Minuten

Durchführung:
Du findest vier „Freiwillige" und schickst sie mit einer geheimen Anweisung, die du vorher auf Karten geschrieben hast, in jeweils eine der vier Ecken des Raumes.
Die geheime Anweisung an diese Gruppenleiter lautet z. B: „Du wurdest aufgrund einer Eigenschaft gewählt: Du trägst eine Brille!"
Oder:
„Du bist jünger als 30."
„Du bist eine Frau."
„Du trägst eine Jeans."
„Du bist größer als 1,80 m."
„Du hast lange Haare."

(Diese Eigenschaften sollten einigermaßen offensichtlich sein!)

Wenn die Gruppenleiter eingewiesen und in ihren Ecken sind, werden die übrigen Teilnehmer aufgefordert, sich ohne zu sprechen im Raum zu bewegen und dann zu versuchen, Teil einer „Eckgruppe" zu werden. Teil einer Gruppe wird man folgendermaßen:
„Du steckst dem Gruppenleiter die Hand entgegen, woraufhin er entweder mit dem Kopf schüttelt und eine abweisende Handbewegung macht, sodass du dir eine andere Gruppe suchen musst, oder er nickt freundlich und erwidert den Handschlag. Dann darfst du Teil dieser Gruppe werden!"
(Die Gruppenleiter wurden vorher angewiesen, nur „passende" Mitglieder aufzunehmen!)

Zum Nachdenken:
Wie fühlt es sich an, „nicht gewollt" zu sein?
In der Weihnachtsgeschichte wird beschrieben, wie Josef und seine hochschwangere Frau Maria keine Herberge finden. Da Josefs Familie aus Bethlehem stammte, kann man davon ausgehen, dass sie es zunächst bei Verwandten versucht haben. Wie muss sich das angefühlt haben, unerwünscht zu sein? Ist dir das auch schon einmal passiert?

Weihnachtstraditionen verraten

Zielgruppe:
alle Altersgruppen

Material: –

Zeit:
10 Minuten

Durchführung:
Alle sitzen im Kreis, außer einer Person. Die Person in der Mitte verrät etwas, das in ihrer Familie in der Advents- und Weihnachtszeit üblich ist.
Z. B.: „Unsere Familie isst Weihnachten immer Truthahn“, oder: „Wir ziehen jedes Jahr einen Namen und nur diese Person beschenken wir dann, weil wir so viele Familienmitglieder sind.“
Alle diejenigen, die die gleiche Tradition haben, stehen auf und tauschen ihre Plätze. Wer keinen Platz bekommen hat, muss nun in die Mitte.

Zum Nachdenken:
Gemeinsamkeiten finden kann einer Gruppe gut tun.

Mandarinenschalen

Zielgruppe:
alle Altersgruppen

Material:
✓ eine Mandarine pro Person

Zeit:
5 Minuten

Durchführung:
Jeder Mitspieler erhält eine Mandarine und bekommt nun die Aufgabe, nur mit den Fingern ein möglichst langes Stück Schale von der Frucht zu schälen.
Das Spiel endet, wenn alle Spieler ihre Mandarine komplett geschält haben, oder du gibst eine bestimmte Zeit vor.
Wer am Ende das längste Stück Schale präsentieren kann, gewinnt.

Zum Nachdenken:
Was haben Mandarinen eigentlich mit Weihnachten zu tun?

Diese Aktion kann in eine Diskussion über Weihnachtstraditionen führen. Warum verbinden viele Menschen den Geruch von Zimt und Mandarinen mit Weihnachten? Warum Tannenbäume, Geschenke an alle außer den, dessen Geburtstag wir feiern?
Worum geht es deiner Meinung nach bei der Weihnachtsgeschichte und welche Traditionen helfen dir, dich an diese Wahrheiten zu erinnern?

Weihnachtschöre

Zielgruppe:
alle Altersgruppen

Material:
✓ Karten/Papier, beschriftet mit Namen von bekannten Weihnachtsliedern

Zeit:
5 Minuten

36

Durchführung:
Verteile Zettel oder Karten mit den Titeln bekannter Weihnachtslieder unter den Teilnehmern, möglichst gleich viele von jedem Titel.
Zum Beispiel:
- O Tannenbaum
- Rudolph, the red nosed reindeer
- tille Nacht
- Santa Claus is coming to town
- In der Weihnachtsbäckerei

Die Gruppe stellt sich nun im Kreis auf und die Aufgabe ist, so laut wie man sich traut, sein Lied bzw. die ersten beiden Zeilen zu singen und NUR dadurch sein Team zu finden. Das Team, das als erstes komplett zusammensteht und sein Weihnachtslied singt, gewinnt.

Zum Nachdenken:

Hast du Weihnachtslieder, die du besonders magst oder gar nicht gut findest? Warum?

Warum rennen an Weihnachten eigentlich so viele Menschen in die Kirche und singen, oft mit Tränen in den Augen, „Stille Nacht"?

Was ist es an der Weihnachtsgeschichte, das viele Menschen zum Singen animiert und sogar sentimental werden lässt?

Weihnachtskekse stapeln

Zielgruppe:
alle Altersgruppen

Material:
- ✓ Weihnachtskekse
- ✓ ein Tablett und ein Teller pro Team

Zeit:
5 Minuten

37

Durchführung:
Auf einem Tablett liegen Weihnachtskekse.
Zwei Teams laufen gleichzeitig zum Teller mit den Keksen, laufen darf jeweils nur ein Mitspieler pro Team, Jede Läuferin greift dann einen Keks mit dem Mund und bringt ihn zu einem Tablett auf ihrer Teamseite, wo ein Turm aus Keksen gestapelt werden soll. Die Hände dürfen nicht benutzt werden.
Das Team, das nach eine bestimmten Zeit, z. B. nach 3 Minuten, den höheren Turm gestapelt hat, gewinnt.

Einpacken

Zielgruppe:
ab 10 Jahren

Material:
- ✓ Geschenke oder Päckchen
- ✓ Tesafilm
- ✓ Schere
- ✓ Geschenkpapier

38

Zeit:
10 Minuten

Durchführung:
Beliebig viele Teams zu je zwei Personen bekommen jeweils fünf Minuten Zeit, um ein Geschenk zu verpacken. Beide Mitspieler dürfen nur jeweils eine Hand benutzen. Gewinner ist nicht unbedingt das schnellere Paar, auch die Sorgfalt der Verpackung sollte berücksichtigt werden.

Zum Nachdenken:
Im Anschluss kann man sehr gut über den Sinn und Unsinn des Beschenkens diskutieren.

Beim Barte des Nikolaus

Zielgruppe:
alle Altersgruppen

Material:

- ✓ jeweils eine Schüssel mit Wattebäuschen pro Team
- ✓ Vaseline
- ✓ Handtücher zum Saubermachen

Zeit:
5–10 Minuten

Durchführung:
Vor der Aktion schmieren sich alle Teilnehmer Vaseline um Kinn und Wangen.
Auf dein Kommando rennen die ersten Spieler jedes Teams (je 5–8 Spieler) los, stecken ihren Kopf in ihre Schüssel mit der Watte und rennen dann zurück zu ihrem Team. Jetzt rennt der zweite Mitspieler los und wiederholt die Prozedur usw.
Gewonnen hat die Mannschaft, die nach drei Minuten die meiste Watte im Gesicht kleben hat.
Die Hände sollten auf dem Rücken gehalten werden. Runtergefallene Watte zählt nicht.

Charlie Browns hässlicher Tannenbaum

Zielgruppe:
alle Altersgruppen

Material:
- ✓ mindestens ein „hässlicher" Tannenbaum
- ✓ Baumschmuck
- ✓ Lametta
- ✓ alte Zeitungen
- ✓ Scheren
- ✓ Tesafilm

Zeit:
30–60 Minuten

Durchführung:
In dem Film „Weihnachten bei den Peanuts" gibt es eine berühmte Szene, in der Charlie Brown dafür verantwortlich ist, einen Weihnachtsbaum für eine Schulaufführung aufzutreiben. Natürlich vermasselt Charlie seine Aufgabe und bringt einen mickrigen, kleinen Baum. Nachdem die anderen Kinder, allen voran Lucy, ihre Empörung zum Ausdruck bringen, schreitet ihr

kleiner Bruder Linus ein, umwickelt den Baum mit seiner Kuscheldecke und bemerkt, dass erst Liebe etwas schön macht.

Diese Filmszene ist übrigens der Grund dafür, dass in Nordamerika ein hässlicher Weihnachtsbaum „Charlie Brown" genannt wird.

Die Aktion ist ganz einfach: Verwandelt euren Charlie mit ganz viel Liebe und Kreativität in einen wunderschönen Weihnachtsbaum.

Wenn du mehrere Bäume und viele Mitspieler zur Verfügung hast, kannst du die ganze Aktion auch als Wettbewerb mit Zeitvorgabe und Gewinnern durchführen.

Zum Nachdenken:
Kann man durch Liebe tatsächlich „Hässliches" schön machen oder passiert so etwas nur in einer Geschichte?

Stockings (Weihnachtssocken)

Zielgruppe:
alle Altersgruppen

Material:
- ✓ eine große Socke pro Team
- ✓ kleine Geschenke (Bonbons, Schokoladenweihnachtsmänner o. Ä.)
- ✓ eine Liste pro Team, auf der die Geschenke gelistet sind

Zeit:
10–15 Minuten

Durchführung:
Hintergrund dieser Aktion ist die nordamerikanische Tradition, dass in der Nacht vor dem ersten Weihnachtstag der Weihnachtsmann kommt und die Stockings (große Weihnachtssocken) mit Geschenken füllt, die vorher über dem Kamin aufgehängt wurden.

Vor der Aktion hängst du eine Socke pro Team möglichst hoch irgendwo im Raum an die Wand und versteckst überall im Raum die kleinen Geschenke. Außerdem hast du für jedes Team eine Liste vorbereitet, welche Geschenke (Süßigkeiten) in ihre Weihnachtssocken gehören.

Auf dein Kommando versuchen die Teams nun möglichst schnell und effizient zusammenzuarbeiten, um ihre Liste komplett abzuarbeiten.

Gewinner ist das Team, das die Liste zuerst abgearbeitet und den Socken gefüllt hat, oder wer nach einer vorgegebenen Zeit am weitesten ist.

Lerneffekt:
Teambuilding

Ganz nah an Weihnachten

Zielgruppe:
ab 12 Jahren

Material:
✓ Smartphones

Zeit:
60 Minuten

Durchführung:
Vor der Aktion machst du an einem bestimmten Ort deiner Stadt Nahaufnahmen von Weihnachtsdekoration oder Symbolen. Diese Bilder schickst du an die Handys deiner Gruppenleiter. Der oder die Orte müssen natürlich einigermaßen dicht beieinanderliegen, z. B. auf einem Weihnachtsmarkt.
Die Aufgabe der Gruppen ist es nun, diese „Bilder" zu finden und dir als Beweis eine Aufnahme aus einer normalen Entfernung zu schicken.

Zum Nachdenken:

Manchmal werden einem Dinge erst aus der Distanz wirklich wichtig und klar.

Es kann gut sein, dass einer der Hirten, der einfach so mit an die Krippe gelaufen ist, erst Jahre später begriffen hat, wie wichtig es war, dass gerade er, ein Außenseiter, eine persönliche Einladung bekommen hat, den Messias zu besuchen und von ihm zu erzählen.

Hast du Beispiele, wo ein Erlebnis erst viel später Sinn gemacht oder dich verändert hat?

Finde eine Herberge

Zielgruppe:
ab 10 Jahren

Material:
✓ ein großes, dunkles Haus

Zeit:
30 Minuten

Durchführung:
Diese Aktion funktioniert am besten in einem Haus, das man gut verdunkeln kann.
Eine Person bekommt ungefähr 5 Minuten Vorsprung, um sich irgendwo im Haus ein gutes Versteck zu suchen, das groß genug ist, damit später möglichst viele Mitspieler dazukommen können.

Die Aufgabe der restlichen Mitspieler ist es nun, sich möglichst so durch das Haus zu bewegen, dass sie wenig Aufmerksamkeit auf sich ziehen, und dann so schnell wie möglich den „Versteckten" zu finden und sich so leise wie möglich mit zu verstecken.

Das Spiel endet, wenn alle zusammen sind oder, falls das nicht gelingt, wenn der Spielleiter die Lichter wieder anschaltet.

Zum Nachdenken:
Kannst du dir vorstellen, wie das ungefähr für Joseph gewesen sein muss, als er mit der hochschwangeren Maria im Schlepptau durch die Nacht geeilt ist, um irgendwo eine Herberge aufzutreiben? Nach wie vielen Absagen hättest du aufgegeben?

Das wahre Licht

Zielgruppe:
ab 12 Jahren

Material:

- ✓ eine Streichholzschachtel pro Team

Zeit:
10 Minuten

Durchführung:
Wie lange kannst du ein Streichholz brennend in der Hand halten?
Jedes Team (z. B. 5 Mitspieler pro Team) bekommt eine Streichholzschachtel.
Einer nach dem anderen zündet nun ein Streichholz an und versucht, es so lange wie möglich brennend in der Hand zu halten. Sobald das Streichholz erlischt oder irgendwie die Hand verlässt, wird die Zeit gestoppt.
Alle Zeiten werden addiert und die Gruppe mit der längsten Zeit gewinnt.

Zum Nachdenken:

In Johannes 1,9–11 steht: *(Jesus) war das wahre Licht, das jeden Menschen erleuchtet – das Licht, das in die Welt kommen sollte … aber sein Volk wollte nichts von ihm wissen.**

Kannst du dir nach dieser Aktion vorstellen, warum Menschen in einer dunklen Zeit das Licht (Jesus) nicht bei sich haben wollten?